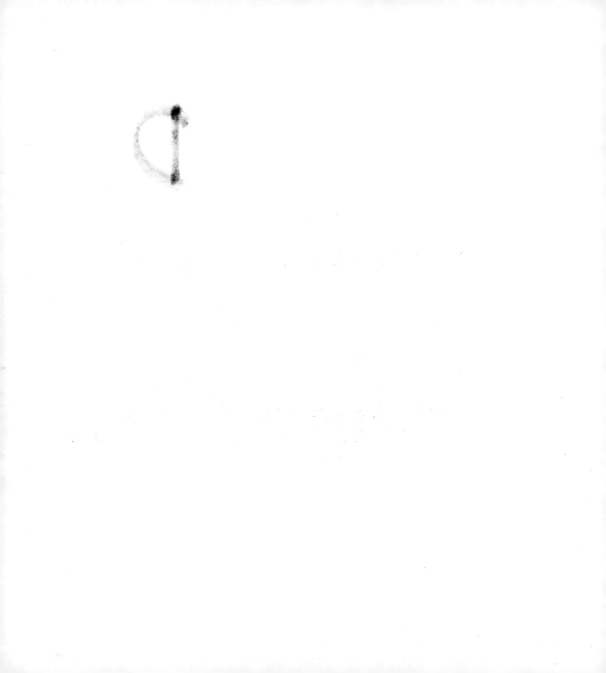

¿QUIÉNES GOBIERNAN NUESTRO PAÍS?

Jacqueline Laks Gorman
Consultora de lectura: Susan Nations, M.Ed.,
autora/tutora de lectoescritura/consultora

WEEKLY READER®
PUBLISHING

Please visit our web site at www.garethstevens.com
For a free color catalog describing our list of high-quality books,
call 1-800-542-2595 (USA) or 1-800-387-3178 (Canada). Our fax: 1-877-542-2596

Library of Congress Cataloging-in-Publication Data

Gorman, Jacqueline Laks, 1955–
    [Who leads our country? Spanish]
    Quiénes gobiernan nuestro país? / Jacqueline Laks Gorman;
    Spanish translation: Tatiana Acosta and Guillermo Gutiérrez.
       p. cm. – (Conoce tu gobierno)
    Includes index.
    ISBN-13: 978-0-8368-8851-5 (lib. bdg.)
    ISBN-10: 0-8368-8851-0 (lib. bdg.)
    ISBN-13: 978-0-8368-8856-0 (softcover)
    ISBN-10: 0-8368-8856-1 (softcover)
    1. Political leadership–United States–Juvenile literature. 2. United
States–Politics and government–Decision making–Juvenile
literature. I. Title.
    JK1726.G6618   2008
    320.473–dc22   2007042519

This edition first published in 2008 by
Weekly Reader® Books
An Imprint of Gareth Stevens Publishing
1 Reader's Digest Road
Pleasantville, NY 10570-7000 USA

Senior Editor: Brian Fitzgerald
Creative Director: Lisa Donovan
Senior Designer: Keith Plechaty
Layout: Cynthia Malaran
Photo Research: Charlene Pinckney and Kimberly Babbitt
Spanish translation: Tatiana Acosta and Guillermo Gutiérrez

Photo credits: cover & title page Olga Bogatyrenko/Shutterstock, p. 5 Dave Huss/PhotoSpin; p. 7 William Vasta/AP/The White House; p. 8 Pablo Martinez Monsivais/AP; p. 9 Jim Watson/AFP/Getty Images; p. 10 Gerald Herbert/AP; p. 12 Weekly Reader Archives; p. 13 Courtesy, Office of the Speaker; p. 15 © Nick Ut/Pool/Corbis; p. 16 Erik S. Lesser/Getty Images; p. 17 © Dana White/PhotoEdit; p. 19 Photograph by Steve Petteway, Collection of the Supreme Court of the U.S.; p. 20 © Spencer Grant/ PhotoEdit; p. 21 Jim Watson/AFP/Getty Images

Printed in the United States of America

1 2 3 4 5 6 7 8 9 10 09 08 07

CONTENIDO

Las palabras del glosario se imprimen en letra **negrita**
la primera vez que aparecen en el texto.

CAPÍTULO 1

Una nación con muchos líderes

Todos los años, en el mes de febrero, Estados Unidos celebra el Día de los Presidentes. Ese día, honramos la memoria de dos Presidentes nacidos en febrero: George Washington y Abraham Lincoln. También rendimos homenaje a todos los demás Presidentes. El Presidente es el líder de Estados Unidos.

El Presidente vive y trabaja en la Casa Blanca, en Washington, D.C.

El Presidente no es nuestro único líder de gobierno. En Estados Unidos, muchos hombres y mujeres son líderes. Algunos trabajan en Washington, D.C., la capital de la nación. Otros líderes trabajan en los estados, las ciudades y los pueblos. Necesitamos buenos líderes que contribuyan a la seguridad y la libertad de los ciudadanos.

CAPÍTULO 2

¿Qué hace el Presidente?

El trabajo del Presidente es uno de los más difíciles del mundo. El Presidente tiene que decidir qué es lo mejor para la nación. A veces, debe liderarla en momentos complicados.

El Presidente trabaja para todos los estadounidenses. Los votantes **eligen**, o escogen, un Presidente cada cuatro años. Una persona sólo puede ser elegida Presidente dos veces. El Presidente tiene muchas obligaciones diferentes.

Jefe del ejecutivo

El Presidente es el jefe del ejecutivo de la nación. El Presidente colabora con el Congreso. El Congreso es la parte del gobierno encargada de hacer las leyes. El Presidente se encarga de ejecutar las leyes.

Un **proyecto de ley** es una propuesta escrita de una nueva ley. Para que se convierta en ley, el proyecto de ley debe ser aprobado por el Presidente. El Presidente también puede proponer ideas de nuevas leyes al Congreso.

En 1997, el Presidente Bill Clinton firmó un proyecto para convertirlo en ley. Esta nueva ley contribuía a la protección de los niños.

El Presidente controla todos los departamentos del gobierno. El Presidente elige a los hombres y mujeres que dirigen estos departamentos. Hay departamentos de salud, educación y otras áreas importantes. Los jefes de estos departamentos colaboran con el Presidente. Juntos tratan de resolver los problemas de la nación.

En 2007, el Presidente George W. Bush se reunió con sus principales consejeros para hablar sobre la guerra de Irak.

En febrero de 2006, el Presidente Bush se reunió con Ellen Johnson-Sirleaf, presidenta de Liberia, un país africano.

Comandante en jefe

El Presidente está al mando de las **fuerzas armadas**. Las fuerzas armadas se componen de *Army*, o fuerzas de tierra; *Navy*, o Marina; *Air Force*, o fuerza aérea; y los *Marines*. Las fuerzas armadas protegen a la nación. A veces, el Presidente envía a miembros de las fuerzas armadas a zonas de combate. El Congreso debe aprobar esta decisión.

Líder mundial

El Presidente también es un líder mundial. El Presidente se reúne con los líderes de otros países, y colabora con ellos para resolver los problemas.

El Presidente Bush homenajeó a Peyton Manning (izquierda) y a los demás jugadores de los Indianapolis Colts, ganadores de la *Super Bowl* de 2007.

Jefe del Estado

El Presidente es un símbolo de nuestro país. A veces, sale en televisión para explicar a los estadounidenses cómo está la nación. El Presidente también recibe a personas importantes. Líderes de la comunidad, deportistas y niños pueden visitar al Presidente en la Casa Blanca.

CAPÍTULO 3

¿Qué hace el Congreso?

El Congreso tiene dos partes: el Senado y la Cámara de Representantes. El Congreso hace las leyes de nuestro país.

Cada estado elige a unos miembros del Congreso. Hay 100 **senadores**. Cada uno de los cincuenta estados tiene dos senadores. Hay 435 **representantes**. El número de representantes de un estado depende del número de personas que viven en ese estado.

Cualquier miembro del Congreso puede proponer un proyecto de ley. El Senado y la Cámara votan sobre el proyecto. Si la mayoría de los miembros votan a favor, el proyecto se aprueba. Para convertirse en ley, el proyecto debe ser aprobado también por el Presidente. El Presidente puede no estar de acuerdo con el proyecto de ley. En ese caso, el proyecto necesita que dos tercios del Senado y de la Cámara voten a favor para convertirse en ley.

Los miembros del Congreso trabajan en el edificio del Capitolio, en Washington, D.C.

El Congreso decide cómo debe gastar el dinero el gobierno. Cada año, el Congreso prepara un **presupuesto**. El presupuesto es un plan que dice cuánto dinero gastará el gobierno.

El Congreso ayuda a resolver problemas de la nación. Los miembros del Congreso también visitan su estado con frecuencia. Allí hablan con la gente a la que representan y se enteran de sus necesidades.

En julio de 2007, la congresista Nancy Pelosi se reunió con algunos ciudadanos de su estado, California.

CAPÍTULO 4

¿Qué hacen los gobernadores y los alcaldes?

Cada estado tiene su propio gobierno. El **gobernador** es el jefe del gobierno estatal. Los habitantes del estado eligen al gobernador. Cada estado tiene una **asamblea legislativa**. Este grupo de personas se encarga de aprobar las nuevas leyes del estado. Antes de que un proyecto de ley se convierta en ley estatal, el gobernador debe firmarlo. Después, el gobernador vigila que la ley se cumpla.

El gobernador de California, Arnold Schwarzenegger, mostró su agradecimiento a los bomberos por su ayuda tras el terremoto de 2003.

Los gobernadores eligen a muchas de las personas que participan en las tareas de gobierno del estado. El gobierno del estado se encarga de mantener la ley y el orden. Ayuda a hacer que las carreteras sean seguras y que las escuelas funcionen. El gobernador y la asamblea legislativa estatal colaboran para decidir cómo se gasta el dinero del estado. El gobernador también ayuda a los habitantes del estado durante una emergencia.

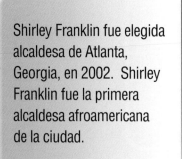

Shirley Franklin fue elegida alcaldesa de Atlanta, Georgia, en 2002. Shirley Franklin fue la primera alcaldesa afroamericana de la ciudad.

En Estados Unidos hay muchas ciudades y pueblos. Todos ellos tienen su propio gobierno. En muchos de estos lugares, los líderes del gobierno son los **alcaldes**. El alcalde es elegido por los habitantes de la ciudad o del pueblo, y se encarga de que todo funcione en esa comunidad.

Muchas ciudades y pueblos tienen **concejos**. Los miembros del concejo son elegidos por los habitantes de la comunidad. El alcalde colabora con el concejo. El concejo aprueba leyes para mejorar la vida en la comunidad. El gobierno de la ciudad o del pueblo puede encargarse de las escuelas, las bibliotecas y los parques.

Los miembros del concejo municipal se reúnen habitualmente. Escuchan lo que la gente de la comunidad tiene que decir sobre cuestiones de importancia.

FOUNDED 1875

CAPÍTULO 5

¿Qué hacen los tribunales?

Los desacuerdos sobre cuestiones legales se resuelven en los tribunales. Los jueces son los líderes de los tribunales. Se aseguran de que todas las personas tienen un trato justo ante la ley.

El Tribunal Supremo es el máximo tribunal de Estados Unidos. El Presidente elige a los jueces de este tribunal. El Senado debe aprobar las propuestas del Presidente. El Tribunal Supremo decide si son justas las leyes aprobadas por el Congreso y el gobierno de los estados.

El Tribunal Supremo de Estados Unidos está formado por ocho jueces y un juez presidente o *chief justice*. John Roberts (sentado, en el centro) es el *chief justice*.

Cada estado tiene su propio sistema de tribunales. Las ciudades y los pueblos también tienen tribunales. Algunos tribunales se ocupan de los delitos. Los delitos son violaciones de la ley. Otros tribunales se ocupan de problemas privados entre personas, o entre personas y compañías.

En algunos tribunales se celebran **juicios**. En ciertos juicios, un grupo de personas llamado **jurado** escucha los hechos. Estas personas deciden si alguien violó la ley. En otros juicios, el juez es quien decide. Si una persona es declarada culpable, el juez suele determinar el castigo.

Durante un juicio, el juez (en el centro) escucha con atención las preguntas.

Los líderes de todos los niveles del gobierno cumplen una función importante. El Presidente sirve a más de 300 millones de personas. Los líderes de algunos pueblos sirven a menos de 100 personas. Sus trabajos pueden ser diferentes, pero todos contribuyen al fortalecimiento de nuestro país.

En septiembre de 2005, el Presidente se reunió con Ray Nagin, alcalde de Nueva Orleans, Luisiana. Juntos colaboraron para organizar un plan de ayuda a la ciudad después del huracán Katrina.

Glosario

alcalde: líder del gobierno de una ciudad o pueblo

asamblea legislativa: parte del gobierno encargada de hacer las leyes

concejo: grupo de personas elegidas para tomar decisiones en una ciudad o pueblo

elegir: escoger un líder por medio de una votación

fuerzas armadas: ejército de una nación

gobernador: jefe del gobierno de un estado

juicio: proceso oficial en el que un tribunal de justicia decide si alguien hizo algo ilegal

jurado: pequeño grupo de personas que decide durante un juicio si alguien ha violado la ley

presupuesto: plan que propone cómo obtener y gastar dinero

proyecto de ley: propuesta para una nueva ley

representante: miembro de la Cámara de Representantes, una de las dos partes que forman el Congreso

senador: miembro del Senado, una de las dos partes que forman el Congreso

Más información

Páginas Web
En los tribunales
www.usdoj.gov/usao/eousa/kidspage/index.html
Esta página describe lo que sucede durante un juicio.

Niños en la Cámara
clerkkids.house.gov
Esta página incluye información útil y actividades divertidas sobre el Congreso y la Cámara de Representantes.

Presidente por un día
pbskids.org/democracy/presforaday/index.html
Esta página te permite ser Presidente y planificar tus múltiples obligaciones.

Nota de la editorial a los padres y educadores: Nuestros editores han revisado con cuidado las páginas Web para asegurarse de que son apropiadas para niños. Sin embargo, muchas páginas Web cambian con frecuencia, y no podemos garantizar que sus contenidos futuros sigan conservando nuestros elevados estándares de calidad y de interés educativo. Tengan en cuenta que los niños deben ser supervisados atentamente siempre que accedan a Internet.

Índice

Información sobre la autora

Jacqueline Laks Gorman creció en la ciudad de Nueva York. Estudió en Barnard College y en la Universidad de Columbia, donde recibió una maestría en historia de Estados Unidos. Jacqueline ha trabajado en muchos tipos de libros y ha escrito varias colecciones para niños y jóvenes. Vive en DeKalb, Illinois, con su esposo David y sus hijos, Colin y Caitlin. Se registró para votar cuando cumplió dieciocho años y desde entonces participa en todas las elecciones.